AF254020

AUX INSTITUTEURS DU CANTON DE DOURGNE (TARN).

DISCOURS

PRONONCÉ

Par M. de BARRAU de MURATEL, conseiller général,

En remettant à M. MAILHARD, instituteur à Saint-Amancet,

LA MÉDAILLE D'OR

Donnée par S. M. l'Empereur.

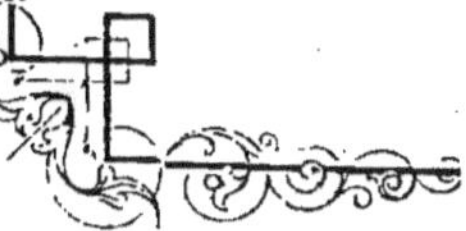

TOULOUSE

IMPRIMERIE A. CHAUVIN ET FILS,

3, RUE MIREPOIX, 3.

1870

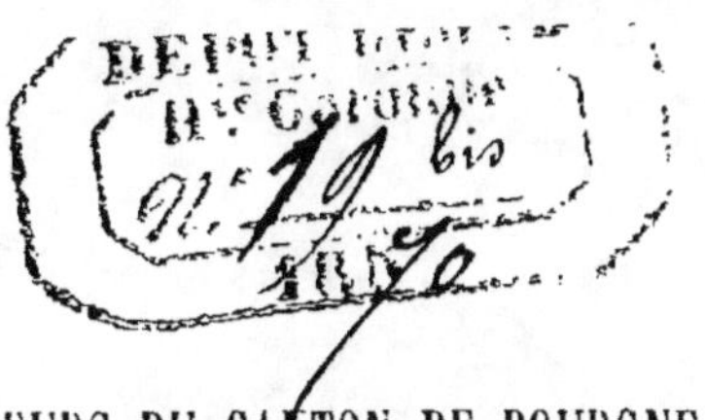

DISCOURS

PRONONCÉ

Par M. de BARRAU de MURATEL, conseiller
général,

En remettant à M. MAILHARD, instituteur à Saint-Amancet,

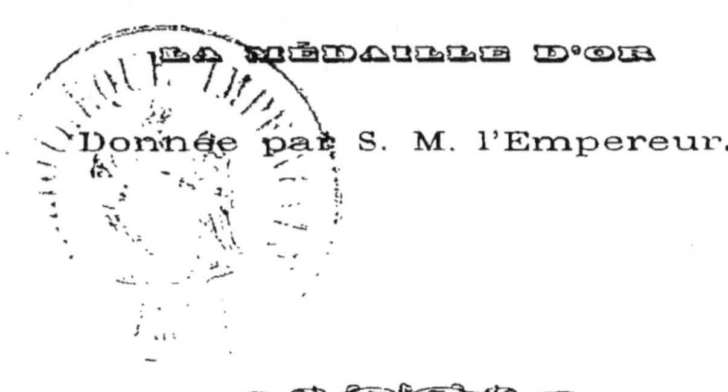

TOULOUSE
IMPRIMERIE A. CHAUVIN ET FILS,
3, RUE MIREPOIX, 3.

1870

Mesdames, Messieurs,

Ce sont de nobles fêtes que les fêtes de l'intelligence telles que celle à laquelle vous êtes conviés aujourd'hui ; vous me prouvez que vous le sentez comme moi en venant, malgré la rigueur de la saison, et quelques-uns de vous à travers les glaces et les neiges, assister à une cérémonie dont le but est de glorifier l'instruction primaire dans la personne d'un homme qui, pour les uns est un maître vénéré, pour les autres un collègue aimé, pour tous un instituteur digne de la plus haute estime ; et c'est avec bonheur que j'ai reçu le mandat dont je m'acquitte maintenant en lui apportant la récompense méritée par ses succès dans le cours d'adultes de l'année dernière. La commission d'examen réunie à Albi a décerné à M. Mailhard la médaille d'or donnée par l'Empereur pour le meilleur cours d'adultes de tout le département; vous applaudirez tous, j'en suis certain, à ce choix que vous savez avoir été dicté par la justice et par l'impartialité, et qui ne peut exciter chez ses collègues d'autre sentiment que celui d'une noble émulation. Cette haute distinction, dévolue cette année au canton qui m'a fait l'honneur de me choisir pour son représentant au Conseil général, me prouve, Messieurs les instituteurs, que vous avez su vous maintenir au rang si brillamment conquis par vous dès la création des cours d'adultes, et je ne puis me rappeler sans émotion la première séance solennelle où les prix furent décernés aux instituteurs en présence de tout le Conseil général; à l'appel si souvent répété des lauréats du canton de Dourgne, dont le nombre était proportionnellement très-supérieur à celui des autres cantons, l'assemblée tout entière éclata en applaudissements dont vous deviez être fiers, Messieurs, tandis que, m'identifiant avec vous, je me sentais tout glorieux d'un succès auquel je n'avais pourtant contribué en rien.

Depuis ce jour, Messieurs les instituteurs, de nombreuses médailles ont été tous les ans remportées par vous et, honneur bien plus rare, les palmes d'officier d'académie sont venues cette année s'attacher à la boutonnière d'un de vos collègues, vétéran de l'instruction primaire (1); jamais palmes universitaires n'ont brillé sur une poitrine plus digne de les porter.

Que signifient, Messieurs, toutes ces récompenses, que signifient cette foule d'enfants remplissant les écoles, ces nombreux jeunes gens accourant pendant les longues et rudes soirées d'hiver pour demander aux cours d'adultes ce qu'ils n'ont pu acquérir dans leur enfance? Ne voyez-vous pas là un signe du temps, un témoignage irrécusable des vives aspirations qui se font sentir chez tous? Dans notre belle France, où les lumières avaient jusqu'ici tardé à se répandre, un mouvement irrésistible vers l'instruction se manifeste dans toutes les régions de la société. De l'aveu de tous aujourd'hui, la question de l'instruction, de l'instruction primaire d'a-

_____

(1) M. Gasc, instituteur aux Cammazes.

bord , car il faut bien commencer par elle, est une des plus graves , des plus importantes, on peut même dire une question vitale pour un pays dans lequel le suffrage universel est la base sur laquelle repose tout l'édifice social. Dans ce pays, et c'est le nôtre, l'instruction n'est plus du luxe, du superflu, c'est le nécessaire qui est dû à chacun et que chacun a le droit de réclamer s'il ne lui est offert.

Ici commence la tâche de l'instituteur, ici se révèle l'influence que doit exercer ce fonctionnaire, si humble en apparence, mais en réalité si puissant à faire le bien. Cette influence ne se manifeste pas, il est vrai, par des coups d'éclat, mais, pour être lente et voilée, elle n'en est pas moins certaine et profonde.

En effet, l'instituteur a sous sa direction la jeunesse du pays, cette jeunesse, qui, un bulletin à la main, dans un temps peu éloigné, décidera par son vote des destinées de la patrie. Ignorant ou éclairé, aveugle ou conscient, à l'heure du scrutin, l'électeur est le maître ! Et qui donc élève le futur électeur? Qui donc élève le citoyen? C'est l'instituteur : c'est lui qui tient en main la majeure partie de la génération qui grandit. Et les principes (je ne dis pas de politique , nous n'avons pas à en parler ici) les principes de moralité, de probité qu'il professe et qu'il inculque à ces jeunes âmes, c'est là ce qui fera plus tard l'électeur intègre, incorruptible, en un mot l'électeur éclairé ou capable de s'éclairer lui-même et de voter suivant sa conscience dégagée de tout intérêt personnel ; si l'instituteur néglige l'enseignement de ces principes de moralité qui forment les consciences viriles, quels hommes auront produit ses leçons ? Car maintenant, c'est de l'homme tout entier qu'il s'agit. J'ai parlé de l'électeur ; c'est le citoyen considéré seulement au moment précis où il use de ses droits politiques. Le citoyen, c'est l'homme considéré dans tous ses rapports avec la société au sein de laquelle il vit ; ce que l'instituteur prépare pour la patrie, ce sont assurément des citoyens, mais ce qu'il doit préparer aussi pour la société comme pour la famille, ce sont des hommes, des hommes laborieux, consciencieux et éclairés. — Voilà son mandat.

S'il réussit, — n'ai-je pas raison de le dire ?

— de tous ceux qui remplissent dans l'état social
des fonctions publiques, il n'est personne qui
puisse autant pour le bien que l'instituteur, personne dont l'influence soit aussi profonde et aussi
étendue.

Par quels moyens peut-il accomplir une si
grande tâche? Je vais essayer de vous le dire,
Messieurs. C'est en déployant les qualités les plus
simples, les plus modestes, le plus facilement
oubliées par ceux même qui en profitent, qualités pourtant les plus dignes d'admiration; c'est
par une abnégation complète et un dévouement
de tous les instants. Il faut que l'instituteur s'ou-
blie lui-même; il faut qu'il se donne aux enfants,
il faut qu'il se donne aussi à ces élèves plus âgés,
et plus avides de leçons parce que, n'étant plus
enfants, ils en sentent mieux le prix, à ces élèves
qui lui prennent les soirées, seules heures de-
meurées libres jusqu'ici; heures de repos autre-
fois, heures de travail assidu aujourd'hui. Ces
grands élèves du soir redeviennent enfants pour
s'instruire; dociles, ils écoutent le maître avec
une attention et un respect inconnus des petits; ils
connaissent la valeur de ce qu'on leur enseigne ;

ils veulent regagner le temps perdu. Et le maître, avec un redoublement de zèle, reprend, pour ces écoliers souvent plus âgés que lui, les leçons qu'il a faites tout à l'heure aux petits. OEuvre de conscience et de cœur avant tout, la plus noble carrière, quoi qu'en pense l'ambitieux qui poursuit dans le monde ses projets égoïstes et souvent chimériques de grandeur personnelle, c'est celle du professeur, de l'instituteur ou de l'institutrice. C'est celle de ces laborieux pionniers, défricheurs infatigables de l'ignorance; levés à l'aurore, travaillant jusqu'au déclin du jour, ils trouvent encore des forces et du dévouement à dépenser le soir au service des autres. Leur vie entière est consacrée au soin d'éclairer les esprits, d'éveiller les intelligences endormies. Répétons-le donc bien haut, car il faut qu'on l'entende et qu'on le sache, il n'est point de fonction plus noble, ni d'existence plus honorable que celle de l'instituteur ou de l'institutrice qui a bien compris sa mission. Il n'en est pas, j'ose le dire, qui puisse être plus glorieuse; ce mot n'a rien d'exagéré: la vraie gloire s'acquiert par le dévouement; elle en est le fruit légitime, et nous savons que le dévouement est la vertu essentielle et nécessaire de celui qui se consacre à l'enseignement.

L'enseignement n'est donc pas une profession ordinaire appelée seulement à donner à celui qui l'embrasse un pain honorablement acquis. Pour être instituteur il faut une vocation spéciale, parce que l'enseignement exige des qualités spéciales et de rares vertus. Ceux qui se chargent d'enseigner doivent à leurs élèves, en toute chose, non-seulement le précepte mais aussi l'exemple; celui ou celle qui s'y voue a charge d'âmes comme le père ou la mère. Quiconque s'y prépare doit scrupuleusement s'examiner; quiconque y est entré doit y marcher avec le sentiment de l'immense responsabilité qu'il a acceptée envers la société et envers sa propre conscience.

Pour nous, qui pensons que l'éducation de la jeunesse de toute condition est le salut de l'avenir, répondons à la grandeur de l'œuvre en entourant de respect l'ouvrier qui l'accomplit; rendons lui l'hommage qui lui est dû, ce sera fortifier son courage, affermir sa persévérance, réchauffer son zèle; en retour de services inappréciables, voyons dans les éducateurs, non de simples fonctionnaires, mais des mandataires chargés d'une mission sociale et civilisatrice; reconnaissons le dévouement là où nous le découvrons et saluons-le de notre estime hautement exprimée.

Cette grande tâche de l'instruction primaire trouve heureusement, Messieurs, des ouvriers à la hauteur de leur mission; cette solennité en est la preuve. Si l'un de vous a été jugé digne d'une récompense spéciale, vous avez tous, comme lui, trouvé dans votre bonne volonté le moyen de suffire aux classes d'adultes qui ajoutaient un poids considérable à vos travaux déjà si absorbants.

Plusieurs institutrices ont vaillamment pris leur part de ces rudes travaux. Nous ne devons pas oublier que leur responsabilité envers la société est aussi grande que celle de leurs confrères, et, en conséquence, je ne les ai pas séparées d'eux dans ma pensée ni dans l'hommage public que nous sommes tous heureux de leur rendre. Leur œuvre est d'autant plus importante que le niveau intellectuel féminin est partout dans un état d'infériorité déplorable et que partout ce niveau doit être relevé. J'espère que personne ici n'éprouve à ce sujet le moindre doute. Chacun doit être convaincu de la nécessité de cultiver et de développer l'intelligence des femmes; la justice et l'intérêt sont d'accord pour le démontrer. — Au point de vue de la justice, puisque personne ne conteste que la femme possède les facultés nécessaires à la culture intellectuelle , personne ne peut se refuser à reconnaître qu'elle a droit à cette culture; si elle a des facultés c'est pour les développer et en user, tout comme l'homme développe et emploie les siennes. Quiconque repousserait cette incontestable vérité manquerait absolument du sens du droit et de la justice. L'intelligence est faite pour être cultivée partout où elle se trouve, comme les pieds sont faits pour marcher. On ne peut pas faire exception à cette règle parce qu'il s'agit de femmes.

Nous n'aurions pas loin à aller, Messieurs, pour trouver des exemples à l'appui de ce que je viens de vous dire, et si je ne craignais de blesser leur modestie, je vous montrerais, ici-même, des femmes qui, placées seules à la tête de leurs affaires, les dirigent aussi habilement que pourrait le faire l'homme le plus expérimenté (1); mais je n'insiste pas, et je continue.

L'intérêt de tous à ce que la femme soit instruite est tout aussi évident ; plus d'intelligence dans la famille y introduit plus d'aisance ; une plus grande somme de connaissances chasse l'oisiveté et les dangereux préjugés. Nous savons tous que dans l'intérieur même le plus modeste c'est la femme qui préside à l'économie domestique, que c'est la femme qui fait la maison ; que sans fermière il n'y a point de bon fermier. — Quelle que soit la condition du ménage, deux têtes pour le conduire valent mieux qu'une seule , et la femme ne peut venir en aide à l'homme que si elle le comprend ; elle ne le comprend et ne peut lui donner un concours éclairé que si elle peut partager ses idées et s'intéresser à ses calculs. C'est elle qui conserve ce qu'il amasse et elle double sa prospérité si elle peut travailler avec lui. Sans cela, elle n'est qu'une charge et ne peut jamais être une compagne. L'intérêt de l'homme et l'intérêt de la famille veulent que la femme

(1) Plusieurs dames du voisinage assistaient à la séance.

puisse au besoin remplacer son mari, la sœur le frère, la fille le père.

Il faut donc que les femmes reçoivent une éducation qui les rende capables de surveiller les travaux dont elles doivent prendre leur part et d'élever des enfants qu'elles doivent pouvoir diriger. Ainsi, j'ai raison de le dire, c'est au double point de vue de la justice et de l'intérêt qu'il faut arracher les femmes à l'ignorance et les élever au même rang intellectuel que les hommes.

Pour vous décrire, ainsi que je l'ai fait plus haut, le type de l'instituteur, tel que je le comprends, pour énumérer toutes les qualités nécessaires à l'accomplissement de ses pénibles mais glorieux devoirs, je n'ai eu, Messieurs, qu'à regarder et à peindre d'après nature. Vous m'avez tous servi de modèle. En effet, conscience, abnégation, dévouement à son œuvre, chacun de vous ne me présente-t-il pas la réunion de ces qualités, et me contredirez-vous si je fais aujourd'hui une application particulière de ce portrait au héros de cette fête, à ce travailleur infatigable auquel le labeur ordinaire de

l'instituteur n'a pas paru assez lourd, même en
y ajoutant les cours d'adultes, et qui a trouvé
le temps d'y joindre pour ses jeunes élèves des
leçons sur l'horticulture, si utile et si peu connue
dans nos campagnes; et, pour tous les habi-
tants de la commune, l'étude attrayante de la
musique, avec un succès dont vous avez pu
juger tout à l'heure (1) ?

Mais ici, et sans vouloir en rien diminuer le
mérite de M. Mailhard, il est juste de signaler
la part qui est due au concours éclairé et désin-
téressé de celui que tous ont pu apprécier pendant
le cours d'une longue carrière au Conseil général (2), où il a laissé des regrets sincères et de
vivants souvenirs. Appelé à parcourir après lui
cette même carrière, je suis heureux d'y suivre
ses traces, de m'inspirer de son exemple, et
fier de ce qu'il veut bien reporter sur moi

______

(1) Depuis longtemps déjà M. Mailhard a formé, en se servant
fort habilement de la méthode Wilhem, des chœurs d'hommes et
de femmes qui chantent avec un ensemble remarquable. —
M. Mailhard a aussi un vrai talent pour la composition musicale.

(2) M. de Saint-Maurice, maire de Saint-Amancet, a été pendant trente-quatre ans membre du Conseil général du Tarn pour
le canton de Dourgne.

l'amitié qui depuis longues années a uni nos deux familles ; M. de Saint-Maurice, vous ne l'ignorez pas, est venu puissamment en aide aux vaillants efforts de M. Mailhard, par ses encouragements, par les conseils de son expérience et en mettant à sa disposition un terrain propre aux expériences agricoles et horticoles : généreuse initiative à laquelle nous ne saurions trop applaudir.

J'ai fini, Messieurs; pardonnez-moi d'avoir abusé de votre patience, de n'avoir pas su résister au désir de vous faire connaître, sinon toutes, cela m'aurait entraîné trop loin, du moins quelques-unes de mes idées sur un sujet qui me tient fort au cœur, sur cette palpitante question de l'instruction primaire qui préoccupe vivement les esprits les plus éminents, et dont la solution doit amener, je le dis avec une profonde conviction, de si grandes, de si heureuses conséquences pour l'avenir de la société tout entière.

Et vous qui m'avez prêté une si bienveillante attention, élèves de l'Ecole primaire, jeunes

filles et jeunes garçous, élèves des cours d'adultes, vous tous qui avez, chacun pour votre part,
contribué au succès que nous célébrons ici,
unissez vos félicitations à celles que j'adresse
bien cordialement à votre excellent maître en
lui remettant cette médaille, qui brillera d'un
si vif éclat au milieu de celles qu'il a déjà obte-
nues. Venez, par vos acclamations, lui témoi-
gner votre gratitude pour les soins qu'il vous a
si généreusement prodigués. Ces applaudissements, ces témoignages de reconnaissance seront
pour son cœur, j'en suis assuré, la plus douce,
la plus précieuse des récompenses.

Saint-Amancet, le 5 décembre 1869.

M^{ce} DE BARRAU DE MURATEL,

Conseiller général.

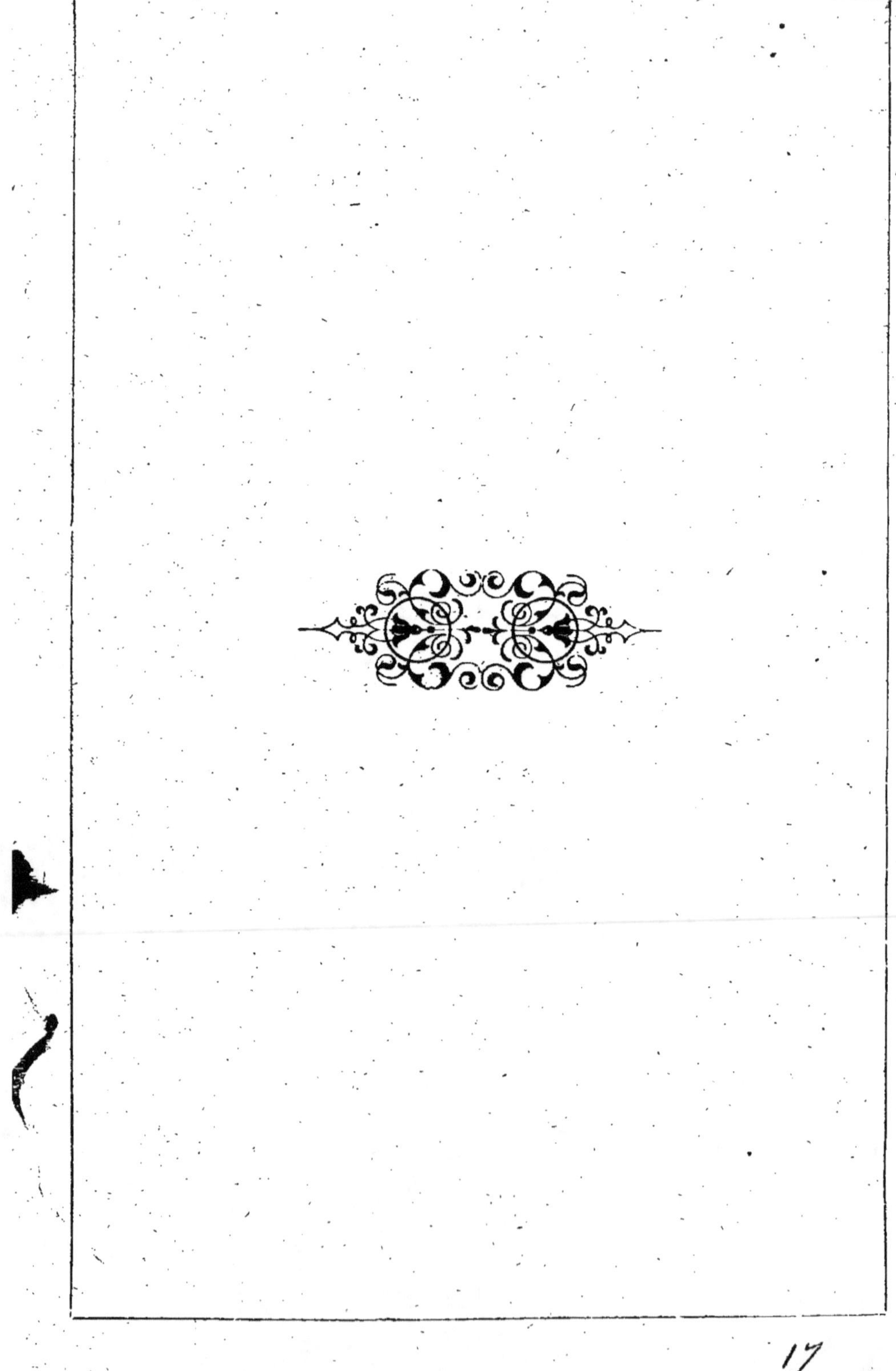

17